MANIFIESTO COMUNISTA

CARLOS MARX Y FEDERICO ENGELS

I

PREFACIOS

La Liga de los Comunistas, Sociedad obrera internacional que no podía vivir sino en secreto, dadas las condiciones de la época, encargó a los que suscriben, delegados al Congreso celebrado en Londres en 1847, que redactaran y publicaran un programa detallado del Partido, a la vez teórico y práctico. Tal es el origen de este Manifiesto, cuyo manuscrito fue enviado a Londres para su impresión algunas semanas antes de la revolución de Febrero. Publicado primero en alemán, se han hecho en este idioma lo menos doce ediciones diferentes en Alemania, Inglaterra y América. Ha aparecido en inglés en Londres en 1850, en el "Red Republican", traducido por la señorita Elena Macfarlane, y en 1871 se han hecho al menos tres traducciones diferentes en América. Apareció en francés en París algún tiempo antes de la insurrección de junio de 1848, y recientemente en "L'Socialiste", de Nueva York. Se prepara en este momento otra edición. Hízose en Londres una edición en polaco poco tiempo después de la primera edición alemana, En Ginebra apareció en ruso algunos años después de 1860. Ha sido traducido al danés a poco de su publicación original.

Aunque las condiciones hayan cambiado mucho en los últimos veinticinco años, los principios generales expuestos en este Manifiesto conservan en conjunto todavía la mayor exactitud. Algunos puntos deberían ser retocados. El mismo

Manifiesto explica que la aplicación de los principios dependerá siempre y en todo caso de las circunstancias históricas existentes, y que, por tanto, no debe darse mucha importancia a las medidas revolucionarias enumeradas al final del capitulo II. Este pasaje sería redactado hoy de muy distinta manera en más de un punto. Dado el desenvolvimiento colosal de la grande industria en los últimos veinticinco años, y la organización de 1a clase obrera en partido, que se desenvuelve paralelamente; dadas las experiencias, primero, de la revolución de Febrero, y después, sobre todo, de la Comuna de París, que eleva por 1a primera vez al proletariado, durante dos meses, al Poder político, este programa está envejecido en ciertos puntos. La Comuna ha demostrado principalmente que "no basta con que la clase obrera se apodere de la máquina del Estado para hacerla servir a sus propios fines". (Véase "La guerra civil en Francia", notabilísimo Manifiesto del Consejo General de la Asociación Internacional de los Trabajadores, donde esta idea está más extensamente desarrollada). Además, evidente mente, la crítica de la literatura socia1ista es en estos momentos incompleta, pues sólo llega a 1847, y al propio tiempo, si las observaciones que se hacen sobre la posición de los comunistas ante los diferentes partidos de oposición (capítu1o IV) son exactas todavía en sus trazos generales, están envejecidas en detalle, pues la situación política ha cambiado completamente y la evolución histórica ha hecho desaparecer a la mayoría de los partidos que se enumeran. Sin embargo, el Manifiesto es un documento histórico: que no tenemos derecho a modificar. Una edición posterior quizá sea precedida de una introducción que pueda llenar la laguna entre 1847 y hoy; la actual reimpresión ha sido demasiado rápida para poder escribirla.

CARLOS MARX   FEDERICO ENGELS
Londres, 24 de junio de 1872.

II

EL MANIFIESTO COMUNISTA

Desgraciadamente, tengo que firmar solo el prefacio de esta edición. Marx, el hombre a quien la clase obrera de Europa y América debe más que a ningún otro, Marx reposa al presente en el cementerio de Highgate y sobre su tumba verdea ya el primer césped. Después de su muerte no es ocasión de rehacer o de completar el Manifiesto. Creo, pues, necesario recordar aquí explícitamente lo que sigue.

La idea fundamental e íntima del Manifiesto — a saber: que la producción económica y la estructura social que resulta forman indefectiblemente, en cada época histórica, la base de la historia política e intelectual de esta época; que, por consecuencia (después de la desaparición de la primitiva propiedad común del suelo), toda la historia ha sido una historia de luchas de clases, de luchas entre las clases explotadas y las clases explotadoras, entre las clases dominadas y las clases dominantes, en los diferentes estados de su desenvolvimiento histórico; pero que esa lucha atraviesa actualmente una etapa en que la clase explotada y oprimida (el proletariado) no puede emanciparse de la clase que la explota y oprime sin emancipar al propio tiempo, y para siempre, a toda la sociedad de la explotación, de la opresión y de las luchas de clases, — esta idea fundamental pertenece única y exclusivamente a Marx. Lo he declarado a menudo; pero al presente es preciso que esta declaración figure a la cabeza del Manifiesto.

F. ENGELS.

Londres, 26 de junio de 1883.

III

Después de escrito lo que precede ha sido necesaria una nueva edición alemana del Manifiesto, e interesa recordar aquí los acontecimientos con él relacionados. Una segunda traducción rusa – por Vera Zassulitch – apareció en Ginebra en 1882;

Marx y yo redactamos el prefacio. Desgraciadamente, he perdido el manuscrito alemán original, y debo retraducir del ruso; lo que no es de ningún beneficio para el texto.

"La primera edición rusa del MANIFIESTO DEL PARTIDO COMUNISTA, traducido por

Bakunin, apareció después de 1860 en la imprenta del "Kolokol. En ese momento, una edición rusa de esta obra tenía tanto más que para el Occidente la importancia de una curiosidad literaria. Ahora no es lo mismo. Cuan reducido era el terreno de acción del movimiento proletario en el momento de la aparición del Manifiesto (enero de 1848) es lo que resalta bien del último capítulo: Posición de los comunistas ante los diferentes partidos de oposición. Rusia y los Estados Unidos, especialmente, no fueron mencionados. Era el momento en que Rusia formaba la última gran reserva de la reacción europea y en que la emigración a los Estados Unidos absorbía el total exceso de las fuerzas del proletariado de Europa. Estos dos países proveían a Europa de primeras materias y le ofrecían al propio tiempo mercado para la venta de sus productos industriales. Los dos servían, pues, de una y otra manera, de contrafuerte a la organización social de Europa.

"¡Cuán cambiado está todo! Precisamente la emigración europea ha hecho posible el colosal desenvolvimiento de la agricultura en América del Norte, cuya competencia ha conmovido en sus cimientos a la grande y pequeña propiedad territorial de Europa.. Es ella la que ha dado a los Estados Unidos, simultáneamente, la facultad de emprender la explotación de sus grandes recursos industriales, con energía y medida tales que el monopolio industrial de la Europa Occidental desaparecerá rápidamente. Estas dos circunstancias repercuten a su vez sobre la misma América. La pequeña y la media propiedad campesina, piedra angular de la organización política de América, desaparece de continuo bajo la concurrencia de las explotaciones agrícolas gigantescas, mientras que en la industria se forma por la primera vez un numeroso proletariado al lado de una fabulosa concentración de capital.

"Pasemos a Rusia. Al producirse la revolución de 1848- 49, los monarcas de Europa, así como la burguesía veían en la intervención rusa el único medio de salvación contra el proletariado, que empezaba a tener conciencia de su fuerza. Hicieron del zar el jefe de la reacción europea. Ahora es en

Gatchina, el prisionero de guerra de la Revolución, y Rusia está en la vanguardia del movimiento revolucionario de Europa. "El MANIFIESTO COMUNISTA se propuso proclamar la desaparición próxima e inevitable de la propiedad burguesa. Pero en Rusia, al lado del capitalismo, que se desarrolla febrilmente, y de la propiedad territorial burguesa en vías de formación, más de la mitad del suelo es propiedad común de los campesinos.

"Se trato, entonces, de saber si la comunidad rural rusa, forma ya muy desnaturalizada de la primitiva propiedad común del suelo, pasará directamente a una forma comunista superior de la propiedad territorial, o bien si debe seguir desde luego el mismo proceso de disolución que ha sufrido en el desenvolvimiento histórico de Occidente.

"La única respuesta que se puede dar hoy a esta cuestión es la siguiente: si la revolución rusa da la señal de una revolución obrera en occidente, y las dos se completan, la propiedad común actual de Rusia podrá servir de punto de partida a una revolución comunista.

"Londres, 21 de enero de 1882."

Una nueva traducción polaca apareció hacia esa época en Ginebra: MANIFEST KOMMUNISTYCZNY.

Después, una nueva traducción danesa ha aparecida en la "Socialdemokratik Bibliothek", Copenhague, 1885. Desgraciadamente, no está completa; algunos pasajes esenciales, que parecen haber detenido al traductor, han sido omitidos, y aquí y allá se notan trazas de negligencia que son tanto más lamentables cuanto que se ve por el resto que la traducción habría podido ser excelente con un poco más de cuidado.

En 1886 aparece una nueva traducción francesa en "Le Socialiste, de París; es hasta ahora la mejor.

Después de ésta ha aparecido en el mismo año una versión española, primero en "El Socialista" y luego en folleto: MAMIFIESTO DEL PARTIDO COMUNISTA, Madrid.

A título de curiosidad diré que en 1887 fue ofrecido a un editor de Constantinopla el manuscrito de una traducción armenia; el excelente hombre no tuvo el valor de imprimir un folleto sobre el cual figuraba el nombre de Marx, y pensó que sería preferible que el traductor apareciese como autor; lo que éste se negó a hacer.

Después han sido reimpresas diferentes veces en Inglaterra ciertas traducciones americanas más o menos inexactas, y por fin una traducción auténtica ha aparecido en 1888. Esta es debida a mi amigo Samuel Moore, y ha sido revisada por los dos antes de su impresión. Lleva por titulo: MANIFESTO OF THE COMMUNIST PARTY, Londres. Yo he reproducido en la presente. edición algunas notas de esa traducción inglesa.

El Manifiesto tiene vida propia. Recibido con entusiasmo en el momento de su aparición por la vanguardia poco numerosa del socialismo científico (como lo prueban las traducciones citadas en el primer prefacio), fue pronto relegado al olvido por la reacción que siguió a la derrota de

1os obreros parisinos en junio de 1848 y proscrito "por ley" a consecuencia de la condena de los comunistas de Colonia en noviembre de 1852. Como el movimiento obrero que se inició con la revolución de Febrero, el Manifiesto también desaparece de la escena política.

Cuando la clase obrera europea hubo recuperado las fuerzas para un nuevo asalto contra el poderío de las clases dominantes, nació la Asociación Internacional de los Trabajadores. Esta tenía por objeto reunir en un inmenso ejército a toda la clase obrera de Europa y América. No podía, pues, partir de los principios expuestos en el Manifiesto. Debía darse un programa que no cerrara la puerta a las "Trade-Unions" (Uniones industriales inglesas), a los prudonianos franceses, belgas, italianos y españoles ni a los lasalianos alemanes.

Este programa – el preámbulo de los Estatutos de la Internacional – fue redactado por Marx con una maestría que fue reconocida hasta par Bakunin y los anarquistas. Para la victoria definitiva de las proposiciones insertas en el Manifiesto, Marx se remitía únicamente al desarrollo intelectual de la clase obrera que debía resultar de la comunidad de acción y de discusión. Los acontecimientos y las vicisitudes de la lucha contra el capital, las derrotas más todavía que los éxitos, no podían dejar de hacer sentir a los combatientes la insuficiencia de todas sus panaceas y de tornarlos capaces de penetrar hasta las verdaderas condiciones de la emancipación obrera, Marx tenía razón. La clase obrera de 1874, después de la disolución de la

Internacional, era diferente de la de 1864, en el momento de su fundación. El prudonismo de los países latinos y el lasalismo propiamente dicho en Alemania estaban en la agonía, y las mismas Uniones industriales inglesas, entonces ultraconservadoras, se acercaban poco a poco al momento en que el presidente del Congreso de Swansea, en 1887, pudiera decir en su nombre: "El socialismo continental ha dejado de ser para nosotros un espantajo". Pero el socialismo continental casi estaba identificado en 1887 con la teoría formulada en el Manifiesto. Y así la historia del Manifiesto refleja hasta cierto punto la historia del movimiento obrero moderno desde 1848.

Actualmente es, sin duda, la obra más extendida, la más internacional de toda la literatura socialista, el programa común de millones de obreros de todos los países, de Siberia a California.

Y sin embargo, cuando apareció no pudimos titularle Manifiesto "socialista". En 1847 se comprendía bajo este nombre de socialista dos géneros de personas. De un lado, los partidarios de diferentes sistemas utópicos, especialmente los owenistas en Inglaterra y los furieristas en Francia, que no eran ya unos y otros sino simples sectas agonizantes. De otra parte, los múltiples curanderos que querían, con sus panaceas variadas y con toda suerte de remiendos, suprimir las miserias sociales sin tocar el capital y el interés. En ambos casos, agentes que vivían fuera del movimiento obrero y que buscaban más bien apoyo cerca de las clases "instruidas". Al contrario, esa parte de los obreros que, convencida de la insuficiencia de los simples trastornos políticos, quería una transformación fundamental de la sociedad se llamaba entonces "comunista". Era un comunismo apenas elaborado, muy instintivo, a veces un poco grosero; pero fue asaz pujante para producir dos sistemas de comunismo: en Francia, la "Icaria", de Cabet, y en Alemania, el de Weitling. El socialismo representaba en 1847 un movimiento burgués; el comunismo, un movimiento obrero. El socialismo era, al menos en el Continente, un pasatiempo mundano; el comunismo era otra cosa. Y como nosotros opinábamos por entonces muy claramente que "la emancipación de los trabajadores debe ser obra de los trabajadores mismos", no pudimos vacilar un instante sobre la denominación que escogeríamos. Después no se nos ha ocurrido jamás modificarla.

"Proletarios de todos los países, ¡uníos!". Sólo algunas voces nos respondieron cuando lanzamos estas palabras por el mundo, hace ya cuarenta y dos años, en vísperas de la primera revolución parisiense, en la cual el proletariado se insurreccionó en nombre de sus propias reivindicaciones. Mas el 28 de setiembre de 1864 los proletarios de la mayoría de los países de la Europa Occidental se reunieron en la Asociación Internacional de los Trabajadores, de gloriosa memoria. La Internacional no vivió sino nueve años; pero los lazos que ella estableció entre los proletarios de todos los países subsisten todavía, y no hay mejor prueba que la jornada de este día. En el momento en que escribo estas líneas el proletariado de Europa y América pasa revista a sus fuerzas, por la primera vez movilizadas en un solo ejército, bajo la misma bandera y para un objetivo inmediato: la fijación legal de la jornada normal de ocho horas, proclamada ya en 1866 por el Congreso de la Internacional celebrado en Ginebra y de nuevo por el Congreso obrero de París en 1889. El espectáculo de hoy demostrará a los capitalistas y a los propietarios territoriales de todas las naciones que, en efecto, los proletarios de todos los países están unidos.

¡Qué Marx no esté a mi lado para verlo con sus propios ojos!

F. Engels. Londres, 1° de mayo de 1890.

MANIFIESTO

Un fantasma recorre Europa: el fantasma del comunismo. Todas las potencias de la vieja Europa se han unido en una Santa Alianza para acorralar a ese fantasma: el Papa y el Zar, Metternich y Guizot, los radicales de Francia y los polizontes de Alemania.

¿Qué oposición no ha sido acusada de comunismo por sus adversarios en el Poder?

¿Qué oposición, a su vez, no ha lanzado a sus adversarios de derecha o izquierda el epíteto zahiriente de comunista?

De aquí resulta una doble enseñanza:

1° El comunismo está reconocido como una fuerza por todas las potencias de Europa, y

2° Ha llegado el momento de que los comunistas expongan a la faz del mundo su manera de ver, sus fines y sus tendencias; que opongan a la leyenda del fantasma del comunismo un manifiesto del partido. Con este objeto, comunistas de diversas nacionalidades se han reunido en Londres y han redactado el Manifiesto siguiente, que será publicado en inglés, francés, alemán, italiano, flamenco y danés.

I

BURGUESES Y PROLETARIOS

La historia de toda sociedad hasta nuestros días no ha sido sino la historia de las luchas de clases.

Hombres libres y esclavos, patricios y plebeyos, nobles y siervos, maestros jurados y compañeros; en una palabra, opresores y oprimidos, en lucha constante, mantuvieron una guerra ininterrumpida, ya abierta, ya disimulada; una guerra que termina siempre, bien por una transformación revolucionaria de la sociedad, bien por la destrucción de las dos clases antagónicas.

En las primitivas épocas históricas comprobamos por todas partes una división jerárquica de la sociedad, una escala gradual de condiciones sociales. En la antigua Roma hallamos patricios, caballeros, plebeyos y esclavos; en la Edad Media, señores, vasallos, maestros, compañeros y siervos, y en cada una de estas clases gradaciones particulares. La sociedad burguesa moderna, levantada sobre las ruinas de la sociedad feudal, no ha abolido los antagonismos de clases. No ha hecho sino sustituir con nuevas clases a las antiguas, con nuevas condiciones de opresión, con nuevas formas de lucha.

Sin embargo, el carácter distintivo de nuestra época, de la época de la burguesía, es haber simplificado los antagonismos de clases. La sociedad se divide cada vez más en dos grandes campos opuestos, en dos clases enemigas: la burguesía y el proletariado.

De los siervos de la Edad Media nacieron los componentes de los primeros Municipios; de esta población municipal salieron los elementos constitutivos de la burguesía.

El descubrimiento de América y la circunnavegación del Africa ofrecieron a la burguesía naciente un nuevo campo de actividad. Los mercados de la India y de la China, la colonización de América, el comercio colonial, la multiplicación de los medios de cambio y de mercancías, imprimieron un impulso hasta entonces desconocido al comercio, a la navegación, a la industria, y aseguraron, en consecuencia, un desarrollo rápido al elemento revolucionario de la sociedad feudal en decadencia.

La antigua manera de producir no podía satisfacer las necesidades, crecientes con la apertura de nuevos mercados. El oficio, rodeado de privilegios feudales, fue reemplazado por la manufactura. La pequeña burguesía industrial suplantó a los gremios; la división del trabajo entre las diferentes corporaciones desapareció ante la división del trabajo en el seno del mismo taller.

Pero los mercados se engrandecían sin cesar; 1a demanda crecía siempre. También la manufactura resultó insuficiente;

la máquina y el vapor revolucionaron entonces la producción industrial. La gran industria moderna suplantó a la manufactura; la pequeña burguesía manufacturera cedió su puesto a los industriales millonarios – jefes de ejércitos completos de trabajadores– a los burgueses modernos.

La gran industria ha creado el mercado universal, preparado por el descubrimiento de América. El mercado mundial aceleró prodigiosamente el desarrollo del comercio, de la navegación, de todos los medios de comunicación. Este desarrollo reaccionó a su vez sobre la marcha de la industria, y a medida que la industria, el comercio, la navegación, los ferrocarriles se desarrollaban, la burguesía se engrandecía, decuplicando sus capitales y relegando a segundo término las clases transmitidas por la Edad Media.

La burguesía, como vemos, es también producto de un largo desenvolvimiento, de una serie de revoluciones en los medios de producción y de comunicación.

Cada etapa de la evolución recorrida por la burguesía ha estado acompañada de un progreso político correspondiente. Clase oprimida por el despotismo feudal; Asociación armada gobernándose a sí misma en el Municipio; en unos sitios, República municipal; en otros, tercer estado contributivo de la Monarquía; después, durante el período manufacturero, contrapeso de la nobleza en las Monarquías limitadas o absolutas, piedra angular de las grandes Monarquías, la burguesía, después del establecimiento de la gran industria y del mercado universal, se apodera finalmente del Poder político – con exclusión de las otras clases – en el Estado representativa moderno. El Gobierno moderno no es sino un Comité administrativo de los negocios de la clase burguesa.

La burguesía ha ejercido en la Historia una acción esencialmente revolucionaria. Allí donde ha conquistado el Poder ha pisoteado las relaciones feudales, patriarcales e idílicas. Todas las ligaduras multicolores que unían el hombre feudal a sus superiores naturales las ha quebrantado sin piedad para no dejar subsistir otro vínculo entre hombre y hombre que el frío interés, el duro pago al contado. Ha ahogado el éxtasis religioso, el entusiasmo caballeresco, el sentimentalismo del pequeño burgués en las aguas heladas del cálculo egoísta. Ha hecho de la dignidad personal un simple valor de cambio. Ha sustituido las numerosas libertades, tan dolorosamente conquistadas, con la única e implacable libertad de comercio. En una palabra, en lugar de la explotación velada por ilusiones religiosas y políticas, ha establecido una explotación abierta, directa, brutal y descarada.

La burguesía ha despojado de su aureola a todas las profesiones hasta entonces reputadas de venerables y veneradas. Del médico, del jurisconsulto, del sacerdote, del poeta, del sabio, ha hecho trabajadores asalariados.

La burguesía ha desgarrado el velo de sentimentalidad que encubría las relaciones de familia y las ha reducido a simples relaciones de dinero.

La burguesía ha demostrado cómo la brutal manifestación de la fuerza en la Edad Media, tan admirada por la reacción, encuentra su complemento natural en la más lamentable pereza; pero es también la que primero ha probado lo que puede realizar la actividad humana: ha creado maravillas muy superiores a las pirámides egipcias, a los acueductos romanos y a las catedrales góticas, y ha dirigido expediciones superiores a las invasiones y a las Cruzadas.

La burguesía no existe sino a condición de revolucionar incesantemente los instrumentos de trabajo, es decir, todas las relaciones sociales. La persistencia del antiguo modo de producción era, por el contrario, la primera condición de existencia de todas las clases industriales precedentes. Este cambio continuo de los modos de producción, este incesante derrumbamiento de todo el sistema social, esta agitación y esta inseguridad perpetuas distinguen a la época burguesa de todas las anteriores. Todas las relaciones sociales tradicionales y consolidadas, con su cortejo de creencias y de ideas admitidas y veneradas, quedan rotas: las que las reemplazan caducan antes de haber podido cristalizar. Todo lo que era sólido y estable es destruido; todo lo que era sagrado es profanado, y los hombres se ven forzados a considerar sus condiciones de existencia y sus relaciones recíprocas con desilusión.

Impulsada por la necesidad de mercados siempre nuevos, la burguesía invade el mundo entero. Necesita penetrar por todas partes, establecerse en todos los sitios, crear por doquier medios de comunicación.

Por la explotación del mercado universal, la burguesía da un carácter cosmopolita a la producción de todos los países.

Con gran sentimiento de los reaccionarios, ha quitado a la industria su carácter nacional. Las antiguas industrias nacionales son destruidas o están a punto de serlo. Han sido suplantadas por nuevas industrias, cuya introducción entraña una cuestión vital para todas las naciones civilizadas: industrias que no emplean materias primas indígenas, sino materias primas venidas de las regiones más alejadas, y cuyos productos se consumen, no sólo en el propio país sino en todas las partes del globo. En lugar de las antiguas necesidades, satisfechas con productos nacionales, nacen necesidades nuevas, reclamando para su satisfacción productos de los lugares más apartados y de los climas más diversos. En lugar del antiguo aislamiento de las naciones que se bastaban a sí mismas, se desenvuelve un trafico universal, una interdependencia de las naciones. Y esto, que es verdad para la producción material, se aplica a la producción intelectual. Las producciones intelectuales de una nación advienen propiedad común en todas. La estrechez y el exclusivismo nacionales resultan de día en día más imposibles; de todas las literaturas nacionales y locales se forma una literatura universal.

Por el rápido desenvolvimiento de los instrumentos de producción y de los medios de comunicación, la burguesía arrastra la corriente de la civilización hasta las más bárbaras naciones. La baratura de sus productos es la gruesa artillería que bate en brecha todas las murallas de la China y hace capitular a los salvajes más fanáticamente hostiles a los extranjeros. Bajo pena de muerte, obliga a todas las naciones a adoptar el modo burgués de producción, las constriñe a introducir la titulada civilización; es decir, a hacerse burguesas. En una palabra: se forja un mundo a su imagen.

La burguesía ha sometido el campo a la ciudad. Ha creado urbes inmensas; ha aumentado prodigiosamente la población de las ciudades a expensas de la de los campos, y así ha sustraído una gran parte de la población al idiotismo de la vida rural. Del mismo modo que ha subordinado el campo a la ciudad, las naciones bárbaras o semibárbaras a las naciones civilizadas, ha subordinado los países de agricultores a los países de industriales. el Oriente al Occidente.

La burguesía suprime cada vez más el desparramo de los medios de producción, de la propiedad y de la población. Ha aglomerado la población, centralizado los medios de producción y concentrado la propiedad en un pequeño número de manos. La consecuencia fatal de estos cambios ha sido la centralización política. Las provincias independientes, ligadas entre sí por lazos feudales, pero teniendo intereses, leyes, gobiernos y tarifas aduaneras diferentes, han sido reunidas en una sola nación, bajo un solo Gobierno, una sola ley, un solo interés nacional de clase, una sola tarifa aduanera.

La burguesía, desde su advenimiento, apenas hace un siglo, ha creado fuerzas productivas más variadas y colosales que todas las generaciones pasadas tomadas en conjunto. La subyugación de las fuerzas naturales, las máquinas, la aplicación de la química a la industria y a la agricultura, la navegación a vapor, los ferrocarriles, los telégrafos eléctricos, la roturación de continentes enteros, la canalización de los ríos, las poblaciones surgiendo de la tierra como por encanto, ¿qué siglo anterior había sospechado que semejantes fuerzas productivas durmieran en el seno del trabajo social?

He aquí, pues, lo que nosotros hemos visto: los medios de producción y de cambio, sobre cuya base se ha formado la burguesía, fueron creados en las entrañas de la sociedad feudal. A un cierto grado de desenvolvimiento de los medios de producción y de cambio, las condiciones en que la sociedad feudal producía y cambiaba, toda la organización feudal de la industria y de la manufactura, en una palabra, las relaciones feudales de propiedad, cesaron de corresponder a las nuevas fuerzas productivas. Dificultaban la producción en lugar de acelerarla. Se transformaron en otras tantas cadenas. Era preciso romper esas cadenas, y se rompieron. En su lugar se estableció la libre concurrencia, con una constitución social y política correspondiente, con la dominación económica y política de la clase burguesa.

A nuestra vista se produce un movimiento análogo. Las condiciones burguesas de producción y de cambio, el régimen burgués de la propiedad, toda esta sociedad burguesa moderna, que ha hecho surgir tan potentes medios de producción y de cambio, semeja al mago que no sabe dominar las potencias infernales que ha evocado. Después de algunas décadas, la historia de la industria y del comercio no es sino la historia de la rebelión de las fuerzas productivas contra las relaciones de propiedad que condicionan la existencia de la burguesía y su dominación. Basta mencionar las crisis comerciales, que por su retorno periódico ponen cada vez más en entredicho la existencia de la sociedad burguesa. Cada crisis destruye regularmente, no sólo una masa de productos ya creados, sino, todavía más, una gran parte de las mismas fuerzas productivas. Una epidemia que en cualquier otra época hubiera parecido una paradoja, se extiende sobre la sociedad: la epidemia de la superproducción. La sociedad se encuentra súbitamente rechazada a un estado de barbarie momentáneo; diríase que un hambre, una guerra de exterminio, la priva de todos sus medios de subsistencia; la industria y el comercio parecen aniquilados. ¿Y porqué? Porque la sociedad tiene demasiada civilización, demasiados medios de subsistencia, demasiada industria, demasiado comercio. Las fuerzas productivas de que dispone no favorecen ya el desarrollo de la propiedad burguesa; al contrario, han resultado tan poderosas, que constituyen de hecho un obstáculo, y cada vez que 1as fuerzas productivas sociales salvan este obstáculo precipitar en el desorden a la sociedad entera y amenazan la existencia de la propiedad burguesa. El sistema burgués resulta demasiado estrecho para contener las riquezas creadas en su seno. ¿Cómo supera estas crisis la burguesía? De una parte, por la destrucción violenta de una masa de fuerzas productivas; de otra, por la conquista de nuevos mercados y la explotación más intensa de los antiguos. ¿A qué conduce esto? A preparar crisis más generales y más formidables y a disminuir los medios de prevenirlas.

Las armas de que se sirvió la burguesía para derribar al feudalismo se vuelven ahora contra ella. Pero la burguesía no ha forjado solamente las armas que deben darle muerte; ha producido también los hombres que manejan esas armas: los obreros modernos, los proletarios.

Con el desenvolvimiento de la burguesía, es decir, del capital, se desarrolla el proletariado, la clase de los obreros modernos, que no viven sino a condición de encontrar trabajo y que no lo encuentran si su trabajo no acrecienta el capital. Estos obreros, obligados a venderse diariamente, son una mercancía como cualquier artículo de comercio; sufren, por consecuencia, todas las vicisitudes de la competencia, todas las fluctuaciones del mercado.

La introducción de las máquinas y la división del trabajo, despojando a la labor del obrero de todo carácter individual, le ha hecho perder todo atractivo. El productor resulta un simple apéndice de la máquina; no se exige de él sino la operación más simple, más monótona, más rápida. Por consecuencia, lo que cuesta hoy día el obrero se reduce poco más o menos a los medios de sostenimiento de que tiene necesidad para vivir y perpetuar su raza. Según eso, el precio del trabajo, como el de toda mercancía, es igual a su coste de producción. Por consiguiente, cuanto más sencillo resulta el trabajo más bajan los salarios. Además, la suma de trabajo se acrecienta con el desenvolvimiento del maquinismo y de la división del trabajo, sea por la prolongación de la jornada, sea por la aceleración del movimiento de las máquinas y, por tanto, del rendimiento exigido en un tiempo dado.

La industria moderna ha transformado el pequeño taller patriarcal en la gran fábrica del burgués capitalista. Masas de obreros, amontonados en la fábrica, están organizados militarmente. Son como simples soldados de la industria, colocados bajo la vigilancia de una jerarquía completa de oficiales y suboficiales. No son solamente esclavos de la clase burguesa, del Estado burgués, sino diariamente, a todas horas, esclavos de la máquina, del contramaestre y, sobre todo del mismo dueño de la fábrica. Cuanto más claramente proclama este despotismo la ganancia como fin único, más mezquino, odioso y exasperante resulta.

Cuanto menos habilidad y fuerza requiere el trabajo, es decir, cuanto más progresa la industria moderna, con mayor facilidad es suplantado el trabajo de los hombres por el de las mujeres y los niños. Las distinciones de edad y sexo no tienen importancia social para la clase obrera. No hay más que instrumentos de trabajo, cuyo precio varía según la edad y el sexo.

Una vez que el obrero ha sufrido la explotación del fabricante y ha recibido su salario en metálico, se convierte en víctima de otros elementos de la burguesía: casero, tendero, prestamista, etc.

Pequeños industriales, comerciantes y renteros, artesanos y labradores, toda la escala inferior de las clases medias de otro tiempo, caen en el proletariado: de una parte, porque sus pequeños capitales no les permiten emplear los procedimientos de la gran industria y sucumben en la concurrencia con los grandes capitalistas; de otra parte, porque su habilidad técnica es anulada por los nuevos modos de producción. De suerte que el proletariado se recluta en todas las clases de la población.

El proletariado pasa por diferentes fases de evolución. Su lucha contra la burguesía comienza desde su nacimiento.

Al principio, la lucha es entablada por obreros aislados; enseguida, por los obreros de una misma fábrica, y a1 fin, por los obreros del mismo oficio de una localidad contra la burguesía que los explota directamente. No se contentan con dirigir sus ataques contra el modo burgués de producción, y los dirigen contra los instrumentos de producción: destruyen las mercancías extranjeras que les hacen competencia, rompen las máquinas, queman las fábricas y se esfuerzan en reconquistar la posición perdida del artesano de la Edad Media.

En este momento del desarrollo, el proletariado forma una masa diseminada por todo el país y dividida por la competencia. Si alguna vez los obreros se unen para obrar, esta acción no es todavía la consecuencia de su propia unidad, sino la de la burguesía, que para lograr sus fines políticos debe poner en movimiento al proletariado, sobre el que tiene todavía el poder de hacerlo, Durante esta fase los proletarios no combaten aún a sus propios enemigos, sino a los adversarios de sus enemigos; es decir, los residuos de la monarquía absoluta, propietarios territoriales, burgueses no industriales, pequeños burgueses. Todo el movimiento histórico está de esta suerte concentrado en las manos de la burguesía; toda victoria alcanzada en estas condiciones es una victoria burguesa.

Luego, la industria, en su desarrollo, no sólo acrecienta el número de proletarios, sino que los concentra en masas más considerables; los proletarios aumentan en fuerza y adquieren conciencia de su fuerza. Los intereses y las condiciones de existencia de los proletarios se igualan cada vez más a medida que la máquina borra toda diferencia en el trabajo y reduce casi por todas partes el salario a un nivel igualmente inferior. Por consecuencia de la creciente competencia de los burgueses entre sí y de las crisis comerciales que ocasionan, los salarios resultan cada vez más eventuales; el constante perfeccionamiento de la máquina coloca al obrero en más precaria situación; los choques individuales entre el obrero y el burgués adquieren cada vez más el carácter de colisiones entre dos clases. Los obreros empiezan por coligarse contra los burgueses para el mantenimiento de sus salarios. Llegan hasta formar asociaciones permanentes, en previsión de estas luchas circunstanciales. Aquí y allá la resistencia estalla en sublevación.

A veces los obreros triunfan; pero es un triunfo efímero. El verdadero resultado de sus luchas es menos el éxito inmediato que la solidaridad aumentada de los trabajadores. Esta solidaridad es favorecida por el acrecentamiento de los medios de comunicación, que permiten a los obreros de localidades diferentes ponerse en relaciones. Después, basta este contacto, que por todas partes reviste el mismo carácter, para transformar las numerosas luchas locales en lucha nacional centralizada, en lucha de clase. Mas toda lucha de clase es una lucha política, y la unión que los burgueses de la Edad Media, con sus caminos vecinales, tardaron siglos en establecer, los proletarios modernos la conciertan en algunos años por los ferrocarriles.

La organización del proletariado en clase y, por lo tanto, en partido político, es sin cesar destruida por la competencia que se hacen los obreros entre sí. Pero renace siempre, y siempre más fuerte, más firme, más formidable. Aprovecha las disensiones intestinas de los burgueses para obligarles a dar garantía legal a ciertos intereses de la clase obrera; por ejemplo, la ley de las diez horas en Inglaterra.

Generalmente, las colisiones en la vieja sociedad favorecen de diversas maneras el desenvolvimiento del proletariado, La burguesía vive en un estado de lucha permanente; al principio, contra la aristocracia; después, contra aquellas fracciones de la misma burguesía cuyos intereses están en desacuerdo con los progresos de la industria, y siempre, en fin, contra la burguesía de los demás países. En todas estas luchas se ve forzada a apelar al proletariado, a reclamar su ayuda y también a arrastrarle al movimiento político. De tal manera la burguesía proporciona a los proletarios los rudimentos de su propia educación política; es decir, armas contra ella misma.

Además, como acabamos de verlo, fracciones enteras de la clase dominante son, por la marcha de la industria, precipitadas en el proletariado o al menos están amenazadas en sus condiciones de existencia. También aportan al proletariado numerosos elementos de progreso.

Finalmente, cuando la lucha de las clases se acerca a la hora decisiva, el proceso de disolución de la clase reinante, de la vieja sociedad, adquiere un carácter tan violento y tan áspero, que una pequeña fracción de esa clase se separa y se adhiere a la clase revolucionaria, a 1a clase que lleva en sí el porvenir. Lo mismo que en otro tiempo una parte de la nobleza se pasó a la burguesía, en nuestros días una parte de la burguesía se pasa al proletariado, principalmente aquella parte de los ideólogos burgueses que han llegado a la comprensión teórica del conjunto del movimiento histórico.

De todas las clases que actualmente se encuentran enfrentadas con la burguesía, sólo el proletariado es una clase verdaderamente revolucionaria. Las otras clases peligran y perecen con la gran industria; el proletariado, al contrario, es su producto más especial.

Las clases medias, pequeños fabricantes, tenderos, artesanos, campesinos, combaten a la burguesía porque es una amenaza para su existencia como clases medias. No son, pues, revolucionarias, sino conservadoras; en todo caso son reaccionarias: piden que la Historia retroceda. Si se agitan revolucionariamente es por temor a caer en el proletariado; defienden entonces sus intereses futuros y no sus intereses actuales; abandonan su propio punto de vista para colocarse en el del proletariado.

La canalla de las grandes ciudades, esa podredumbre pasiva, esa hez de los más bajos fondos de la vieja sociedad, puede ser arrastrada al movimiento por una revolución proletaria; sin embargo, sus condiciones de vida la predispondrán más bien a venderse a la reacción.

Las condiciones de existencia de la vieja sociedad están ya destruidas en las condiciones de existencia del proletariado. El proletariado está sin propiedad; sus relaciones de familia no tienen nada de común con las de la familia burguesa; el trabajo industrial moderno, que implica 1a servidumbre del obrero al capital, lo mismo en Inglaterra que en Francia, en América como en Alemania, despoja al proletariado de todo carácter nacional. Las leyes, la moral, la religión, son para él meros prejuicios burgueses, tras de los cuales se ocultan otros tantos intereses burgueses.

Todas las clases que en el pasado se apoderaron del Poder ensayaron consolidar su adquirida situación sometiendo la sociedad a su propio medio de apropiación. Los proletarios no pueden apoderarse de las fuerzas productivas sociales sino aboliendo el modo de apropiación que les atañe particularmente y, por consecuencia, todo modo de apropiación en vigor hasta nuestros días. Los proletarios no tienen nada que salvaguardar que les pertenezca, tienen que destruir toda garantía privada, toda seguridad privada existente.

Todos los movimientos históricos han sido hasta ahora realizados por minorías en provecho de minorías. El movimiento proletario es el movimiento espontáneo de la inmensa mayoría en provecho de la inmensa mayoría. El proletariado, capa inferior de la sociedad actual, no puede sublevarse, enderezarse, sin hacer saltar todas las capas superpuestas que constituyen la sociedad oficial.

La lucha del proletariado contra la burguesía, aunque en el fondo no sea una lucha nacional, reviste, sin embargo, al principio, tal forma. Huelga decir que el proletariado de cada país debe acabar antes de nada con su propia burguesía. Al enumerar a grandes rasgos las fases del desenvolvimiento proletario, hemos trazado la historia de la guerra civil más o menos latente que mina la sociedad hasta el momento en que esta guerra estalla en una revolución declarada y en la que el proletariado fundará su dominación por el derrumbamiento violento de la burguesía.

Todas las sociedades anteriores, como hemos visto, han descansado sobre el antagonismo entre clases opresoras y oprimidas. Mas para oprimir a una clase hace falta al menos poderle garantir condiciones de existencia que le permitan vivir en la servidumbre. El siervo, en peno régimen feudal, llegaba a miembro del Municipio, lo mismo que el pechero llegaba a la categoría de burgués bajo el yugo del absolutismo feudal. El obrero moderno, al contrario, lejos de elevarse con el progreso de la industria, desciende siempre más; por debajo mismo de las condiciones de vida de su propia clase. El trabajador cae en la miseria, y el pauperismo crece más rápidamente todavía que la población y la riqueza. Es, pues, evidente que la burguesía es incapaz de desempeñar el papel de clase dirigente y de imponer a la sociedad como ley suprema las condiciones de existencia de su clase. No puede mandar porque no puede asegurar a su esclavo una existencia compatible con la esclavitud, porque está condenada a dejarle decaer hasta el punto de que deba mantenerle en lugar de hacerse alimentar por él. La sociedad no puede vivir bajo su dominación; la que equivale a decir que la existencia de la burguesía es en lo sucesivo incompatible con la de la sociedad.

La condición esencial de existencia y de supremacía para la clase burguesa es la acumulación de riqueza en manos de particulares, la formación y el acrecentamiento del capital; la condición de existencia del capital es el salariado, que reposa exclusivamente sobre la competencia de los obreros entre sí. El progreso de la industria, del que la burguesía es agente involuntario y pasivo, sustituye el aislamiento de los obreros, resultante de la competencia, con su unión revolucionaria por medio de la asociación. Así, el desenvolvimiento de la gran industria socava bajo los pies de la burguesía el terreno sobre el cual ha establecido su sistema de producción y de apropiación. Ante todo produce sus propios sepultureros. Su caída y la victoria del proletariado son igualmente inevitables.

II

PROLETARIOS Y COMUNISTAS

¿Cuál es la posición de los comunistas ante los proletarios en general?

Los comunistas no forman un partido distinto, opuesto a los otros partidos obreros.

No tienen ningún interés que los separe del conjunto del proletariado.

No proclaman principios sectarios sobre los cuales quisieran modelar el movimiento obrero.

Los comunistas no se distinguen de los otros partidos obreros más que en dos puntos:

1° En las diferentes luchas nacionales de los proletarios, ponen por delante y hacen valer los intereses independientes de la nacionalidad y comunes a todo el proletariado; y

2° En las diferentes fases de la lucha entre proletarios y burgueses representan siempre y por todas partes los intereses del movimiento integral.

Prácticamente, los comunistas son, pues, la fracción más resuelta de los partidos obreros de todos los países, la fracción que arrastra a las otras; teóricamente, tienen sobre el resto del proletariado la ventaja de un concepto claro de las condiciones, de la marcha y de los fines generales del movimiento proletario.

El propósito inmediato de los comunistas es el mismo que el de todos los partidos obreros: constitución de los proletarios en clase, destrucción de la supremacía burguesa, conquista del poder político por el proletariado.

Las proposiciones teóricas de los comunistas no se fundan de ningún modo en ideas y principios inventados o descubiertos por tal o cual reformador del mundo. No son sino la expresión de conjunto de las condiciones reales de una lucha de clases existente, de un movimiento histórico en constante evolución. La abolición de las relaciones de propiedad que han existido hasta aquí no es el carácter distintivo del Comunismo.

El régimen de la propiedad ha sufrido constantes cambios, continuas transformaciones históricas.

La Revolución francesa, por ejemplo, abolió 1a propiedad feudal en provecho de la propiedad burguesa. El carácter distintivo del comunismo no es la abolición de la propiedad en general, sino la abolición de la propiedad burguesa.

Según esto, la propiedad privada actual, la propiedad burguesa es la última y la más perfecta expresión del modo de producción y de apropiación basado sobre los antagonismos de las clases, sobre la explotación de los unos por los otros.

En este sentido los comunistas pueden resumir su teoría en esta fórmula única: abolición de la propiedad privada.

Se nos ha reprochado a los comunistas el querer abolir la propiedad personalmente adquirida por el trabajo, propiedad que se considera como la base de toda libertad, de toda actividad, de toda independencia individual.

¡La propiedad personal fruto del trabajo y del mérito! ¿Se quiere hablar de la propiedad del pequeño burgués, del pequeño labrador, forma de propiedad anterior a la propiedad burguesa? No tenemos que abolirla: el progreso de la industria la ha abolido o está en camino de abolirla.

¿O se quiere hablar de la propiedad privada actual, de la propiedad burguesa?

¿Es que el trabajo asalariado crea propiedad para el proletario? De ninguna manera. Crea el capital, es decir, la propiedad que explota al trabajo asalariado y que no puede acrecentarse sino a condición de producir más trabajo asalariado a fin de explotarlo de nuevo. En su forma actual, la propiedad se mueve entre estos dos términos antinómicos: capital y trabajo. Examinemos los dos términos de esta antinomia.

Ser capitalista significa que no sólo se ocupa una posición personal en la producción, sino también una posición social. El capital es un producto colectivo; no puede ser puesto en movimiento sino por los esfuerzos combinados de muchos miembros de la sociedad, y también, en último término, por los esfuerzos combinados de todos los miembros de la sociedad.

El capital no es, pues, una fuerza personal; es una fuerza social.

Por consecuencia, cuando el capital sea transformado en propiedad común, perteneciente a todos los miembros de la sociedad, no es una propiedad personal que se cambia en propiedad social. Sólo habrá cambiado el carácter social de la propiedad. Perderá su carácter de clase.

Llegamos al trabajo asalariado.

El precio medio del trabajo asalariado es el mínimo del salario; es decir, la suma de los medios de existencia de que tiene necesidad el obrero para vivir como obrero. Por consiguiente, lo que el obrero se apropia por su actividad es estrictamente lo que necesita para sostener su mísera existencia y reproducirse. No queremos de ninguna manera abolir esta apropiación personal de los productos del trabajo, indispensable a la conservación y a la reproducción de la vida humana, esta apropiación, que no deja ningún beneficio líquido que confiera poder sobre el trabajo de otro. Lo que queremos es suprimir ese triste modo de apropiación, que hace que el obrero no viva sino para acrecentar el capital y no viva sino en tanto lo exigen los intereses de la clase dominante.

En la sociedad burguesa el trabajo viviente no es más que un medio de acrecentar el trabajo acumulado. En la sociedad comunista el trabajo acumulado no es más que un medio de prolongar, de enriquecer y de hermosear la existencia de los trabajadores.

En la sociedad burguesa el pasado domina al presente. En la sociedad comunista el presente domina al pasado.

En la sociedad burguesa el capital es independiente y personal, mientras que el individuo que trabaja está sometido y privado de personalidad.

¡Y es la abolición de semejante estado de cosas lo que la burguesía considera como la abolición de la individualidad y de la libertad! Con razón. Pues se trata efectivamente de abolir la individualidad, la independencia y la libertad burguesas. Por libertad, en las condiciones actuales de la producción burguesa, se entiende la libertad de comercio, !a libertad de comprar y de vender.

Pero si e1 tráfico desaparece, el libre tráfico desaparece también. Fuera de esto, toda la palabrería sobre el libre cambio, lo mismo que todas las fanfarronadas liberales de nuestros burgueses, no tienen sentido sino por contraste con el tráfico restringido, con el burgués sojuzgado de la Edad Media; no tienen ninguno cuando se trata de la abolición por el Comunismo del tráfico, de las relaciones de la producción burguesa y de la burguesía misma.

¡Estáis sobrecogidos de horror porque queremos abolir la propiedad privada! Pero en vuestra sociedad la propiedad privada está abolida para las nueve décimas partes de sus miembros. Precisamente porque no existe para esas nueve décimas partes existe para vosotros. Nos reprocháis, pues, el querer abolir una forma de propiedad que no puede existir sino a condición de privar a la inmensa mayoría de toda propiedad.

En una palabra, nos acusáis de querer abolir vuestra propiedad. Efectivamente, eso es lo que queremos.

Desde el punto en que el trabajo no pueda ser convertido en capital, en dinero, en renta territorial; resumiendo, en poder social susceptible de ser monopolizado; es decir, desde el momento en que la propiedad individual no pueda transformarse en propiedad burguesa, declaráis que el individuo está suprimido.

Reconocéis, pues, que cuando habláis del individuo no entendéis hablar sino del burgués, del propietario. Y este individuo, ciertamente, debe ser suprimido.

El Comunismo no arrebata a nadie la facultad de apropiarse de los productos sociales; no quita sino el poder de sojuzgar el trabaja de otro con ayuda de esta apropiación.

Se ha objetado aún que con la abolición de 1a propiedad privada cesaría toda actividad, que una pereza general se apoderaría del mundo.

Si así fuese, hace ya mucho tiempo que la sociedad burguesa habría sucumbido por la holgazanería, puesto que aquellos que trabajan no ganan y los que ganan no trabajan. Toda la objeción se reduce a esta tautología; que no hay trabajo asalariado allí donde no hay capital.

Las acusaciones dirigidas contra el modo comunista de producción y de apropiación de los productos materiales han sido hechas igualmente respecto de la producción y de la propician del trabajo intelectual. Lo mismo que para el burgués la desaparición de la propiedad de clase equivale a la desaparición de toda producción, la desaparición de la cultura de clase significa para él la desaparición de toda cultura.

La cultura cuya pérdida deplora no es para la inmensa mayoría sino la adaptación al papel de máquina.

Mas no discutáis con nosotros mientras apliquéis a la abolición de la propiedad burguesa el sello de vuestras nociones burguesas de libertad y de cultura, de derecho, etc. Vuestras mismas ideas son producto de las relaciones de producción y de propiedad burguesas, como vuestro derecho no es sino la voluntad de vuestra clase erigida en ley; voluntad cuyo contenido está determinado por las condiciones materiales de existencia de vuestra clase.

La concepción interesada que os ha hecho erigir en leyes eternas de la Naturaleza y de la Razón las relaciones sociales dimanadas de vuestro modo de producción y de propiedad – relaciones transitorias que surgen y desaparecen en el curso de la evolución de la producción; – esta concepción la compartís con todas las clases otrora dirigentes y hoy desaparecidas. Lo que concebís para la propiedad feudal, no podéis admitirlo para la propiedad burguesa.

¡Querer abolir la familia! Hasta los más radicales se indignan de este infame designio de los comunistas. ¿Sobre qué base descansa la familia burguesa en nuestra época? Sobre el capital, el provecho individual. En su plenitud, la familia no existe sino para la burguesía, que encuentra su complemento en la supresión forzosa de toda familia para el proletario y en la prostitución pública.

La familia burguesa se desvanece naturalmente con el desvanecimiento de su complemento necesario, y una y otra desaparecen con la desaparición del capital.

¿Nos reprocháis el querer abolir la explotación de los niños por sus familias? Confesamos este crimen.

Pero nosotros quebrantamos, decís, los lazos más sagrados, sustituyendo la educación de la familia por la educación de la sociedad.

Y vuestra educación, ¿no está también determinada por la sociedad, por las condiciones sociales en que educáis a vuestros hijos, por la intervención directa o indirecta de la sociedad en la escuela, etc.? Los comunistas no inventan esta ingerencia de la sociedad en la instrucción; no buscan sino cambiar el carácter y arrancar la educación de la influencia de la clase dominante.

Las declamaciones burguesas sobre la familia y la educación, sobre los dulces lazos que unen al niño con sus familiares, resultan más repugnantes a medida que la gran industria destruye todo vínculo de familia para el proletario y transforma a los niños en simples objetos de comercio, en simples instrumentos de trabajo.

De la burguesía entera se eleva un clamor: ¡Vosotros, comunistas, queréis establecer la comunidad de las mujeres!

Para el burgués su mujer no es otra cosa que un instrumento de producción. Oye decir que los instrumentos de producción deben ser puestos en común, y deduce naturalmente que hasta las mujeres pertenecerán a la comunidad.

No sospecha que se trata precisamente de asignar a la mujer un papel distinto del de simple instrumento de producción.

Nada más grotesco, por otra parte, que el horror ultramoral que inspira a nuestros burgueses la pretendida comunidad oficial de las mujeres que atribuyen a los comunistas. Los comunistas no tienen necesidad de introducir la comunidad de las mujeres: casi siempre ha existido.

Nuestros burgueses, no satisfechos con tener a su disposición las mujeres y las hijas de los proletarios, sin hablar de la prostitución oficial, encuentran un placer singular en encornudarse mutuamente.

El matrimonio burgués es en realidad la comunidad de las mujeres casadas. Todo lo más de que podría acusarse a los comunistas sería de querer poner en el lugar de una comunidad de las mujeres hipócritamente disimulada una comunidad franca y oficial. Es evidente, por otra parte, que con la abolición de las relaciones de producción actuales, de las cuales deriva la comunidad de las mujeres, desaparecerá la prostitución oficial y privada.

Además, se acusa a los comunistas de querer abolir la patria, la nacionalidad, Los obreros no tienen patria. No se les puede arrebatar lo que no poseen. Como el proletariado de cada país debe en primer lugar conquistar el Poder político, erigirse en clase nacionalmente directora, constituirse como nación, es todavía nacional. aunque de ninguna manera en el sentido burgués.

Las demarcaciones nacionales y los antagonismos entre los pueblos desaparecen de día en día con el desenvolvimiento de la burguesía, la libertad de comercio y el mercado universal, con la uniformidad de 1a producción industrial y as condiciones de existencia que le corresponden.

El advenimiento del proletariado los hará desaparecer más deprisa todavía. La acción común de los diferentes proletariados, al menos en 1os países civilizados, es una de las primeras condiciones de su emancipación.

Abolid la explotación del hombre por el hombre y habréis abolido la explotación de una nación por otra.

Al mismo tiempo que el antagonismo de las clases en el interior de las naciones, desaparecerá la hostilidad de nación a nación. En cuanto a las acusaciones lanzadas contra el comunismo en nombre de la religión, de la filosofía y de la ideología en general, no merecen un examen profundo.

¿Hay necesidad de una gran perspicacia para comprender que los conocimientos, las nociones y las concepciones, en una palabra, la conciencia del hombre, cambia con toda modificación sobrevenida en las relaciones sociales, en la existencia colectiva?

¿Qué demuestra la historia del pensamiento sino que la producción intelectual se transforma con la producción material?

Las ideas dominantes en una época no han sido nunca más que las ideas de la clase dominante.

Cuando se habla de ideas que revolucionan totalmente una sociedad se enuncia solamente el hecho de que en el seno de la vieja sociedad los elementos de una nueva se han formado y que la disolución de las viejas ideas marcha a la par con la disolución de las antiguas relaciones sociales.

Cuando e1 antiguo mundo estaba declinando, las viejas religiones fueron vencidas por la religión cristiana. Cuando en el Siglo XVIII las ideas cristianas cedieron su puesto a las ideas filosóficas, la sociedad feudal libraba su última batalla con la burguesía, entonces revolucionaria. Las ideas de libertad religiosa y de libertad de conciencia no hicieron sino proclamar el reinado de la libre concurrencia en el dominio del conocimiento.

"Sin duda, se nos dirá las ideas religiosas, morales, filosóficas, políticas y jurídicas, se han modificado en el curso del desenvolvimiento histórico. Pero la religión, la moral, la filosofía, la política, el derecho, se sostienen siempre a través de esas transformaciones.

"Hay, además, verdades eternas, tales como la libertad, la justicia, etc., que son comunes a todas las condiciones sociales. Luego si el comunismo aboliera estas verdades eternas, aboliría la religión y la moral en lugar de darles una forma nueva, y eso contradiría todo el desenvolvimiento histórico anterior".

¿A que se reduce esta objeción? La historia de toda sociedad se resume en el desarrollo de los antagonismos de 1as clases, antagonismos que han revestido diversas formas en las distintas épocas.

Pero cualquiera que haya sido la forma revestida por esos antagonismos, la explotación de una parte de la sociedad por la otra es un hecho común a todos los siglos anteriores. Por consiguiente, no tiene nada de asombroso que la conciencia social de todas las edades a despecho de toda divergencia y de toda diversidad, se haya siempre movido dentro de ciertas formas comunes; formas de conciencia que no se disolverán completamente sino la definitiva desaparición del antagonismo de las clases.

La revolución comunista es la ruptura más radical con las relaciones de propiedad tradicionales; nada de extraño es que en el curso de su desenvolvimiento rompa de la manera más radical con las ideas tradicionales.

Mas dejemos ahí las objeciones hechas por la burguesía al comunismo.

Como hemos visto más arriba, la primera etapa de 1a revolución obrera es la constitución del proletariado en clase directora, la conquista del poder público por la democracia.

El proletariado se servirá de su supremacía política para arrancar poco a poco todo e1 capital a la burguesía, para centralizar todos los instrumentos de producción en manos de1 Estado, es decir, del proletariado organizado en clase directora, y para aumentar rápidamente la cantidad de fuerzas productivas.

Esto, naturalmente, no podrá cumplirse al principio sino por una violación despótica del derecho de propiedad y de las relaciones burguesas de producción, es decir, por la adopción de medidas que desde el punto de vista económico parecerán insuficientes e insostenibles; pero que en el curso del movimiento se sobrepasarán, y son indispensables como medio de trastornar por completo la producción.

Estas medidas, entiéndase bien, serán muy diferentes en los diversos países.

Sin embargo, para los países más avanzados 1as medidas siguientes podrán ser puestas en práctica:

1° Expropiación de la propiedad territorial y aplicación de la renta a los gastos del Estado;

2° Impuesto fuertemente progresivo;

3° Abolición de la herencia;

4° Confiscación de la propiedad de los emigrados y rebeldes;

5° Centralización del crédito en manos del Estado por medio de un Banco nacional con capital del Estado y con el monopolio exclusivo;

6° Centralización en manos del Estado de todos los medios de transporte;

7° Multiplicación de las manufacturas nacionales y de los instrumentos de producción, roturación de los terrenos incultos y mejoramiento de las tierras cultivadas según un sistema general;

8° Trabajo obligatorio para todos, organización de ejércitos industriales, particularmente para la agricultura;

9° Combinación del trabajo agrícola y del trabajo industrial, medidas encaminadas a hacer desaparecer gradualmente la distinción entre la ciudad y el campo, y

10° Educación pública y gratuita de todos los niños, abolición del trabajo de éstos en las fábricas tal como se practica hoy; combinación de la educación con la producción material, etcétera.

Una vez desaparecidos los antagonismos de clases en el curso de su desenvolvimiento, y estando concentrada toda la producción en manos de los individuos asociados, entonces perderá el Poder público su carácter político. El Poder público, hablando propiamente, es el Poder organizado de una clase para la opresión de las otras. Si el proletariado, en su lucha contra la burguesía, se constituye fuertemente en clase; si se erige por una revolución en clase directora y como clase directora destruye violentamente las antiguas relaciones de producción, destruye al mismo tiempo que estas relaciones de producción las condiciones de existencia del antagonismo de las clases, destruye las clases en general y, por lo tanto, su propia dominación como clase.

En substitución de la antigua sociedad burguesa, con sus clases y sus antagonismos de clases surgirá una asociación en que el libre desenvolvimiento de cada uno será la condición del libre desenvolvimiento de todos.

III

LITERATURA SOCIALISTA Y COMUNISTA

I. EL SOCIALISMO REACCIONARIO

A. El socialismo feudal

Por su posición histórica, 1as aristocracias francesa e inglesa se vieron obligadas a lanzar libelos contra la sociedad burguesa. En la revolución francesa de 1830, en el movimiento reformista inglés, habían sucumbido una vez más bajo los golpes del odiado advenedizo. Para ellas, no podía ser en adelante cuestión de una lucha política seria. No les quedaba sino la lucha literaria. Luego, en el terreno literario también, la añeja fraseología de la Restauración, había llegado a ser inaplicable. Para crearse simpatías era menester que la aristocracia fingiese perder de vista sus intereses propios y que formulara su acta de acusación contra la burguesía sólo en interés de la clase obrera explotada. Dióse de esta suerte la satisfacción de hacer canciones satíricas sobre su nuevo amo y de tararearle junto a los oídos profecías preñadas de desastres.

Así nació el socialismo feudal, mezcla de jeremiadas y payasadas, de ecos del pasado y de barruntos del porvenir. Si alguna vez su critica mordiente y espiritual hiere a la burguesía en el corazón, su impotencia absoluta para comprender la marcha de la historia moderna concluye siempre por hacer el ridículo.

Aguisa de bandera, estos señores enarbolaron la alforja del mendigo, a fin de atraer al pueblo; pero cuando el pueblo acudió, advirtió que el dorso estaba ornado con el viejo blasón feudal y se dispersó en medio de grandes e irreverentes carcajadas.

Una parte de los legitimistas franceses y la Joven Inglaterra han dado al mundo este espectáculo.

Cuando los campeones del feudalismo demuestran que su modo de explotación era distinto del de 1a burguesía olvidan una cosa, y es que aquél explotaba en condiciones por completo diferentes y hoy anticuadas. Cuando advierten que bajo el régimen feudal no existía el proletariado moderno, olvidan que la burguesía es precisamente un retoño fatal de ese régimen.

Disfrazan tan poco, por otra parte, el carácter reaccionario de su crítica, que es el principal agravio que exponen contra la burguesía es precisamente haber creado bajo su régimen una clase que hará saltar todo el antiguo orden social.

Además, no es tanto el haber producido un proletariado, que imputan como un crimen a la burguesía, sino haber producido un proletariado revolucionario.

En la lucha política toman, pues, una parte activa en todas las medidas de represión contra la clase obrera. Y en su vida ordinaria, a pesar de su fraseología hinchada, saben humillarse para recoger los frutos de oro del árbol de la industria y trocar el honor, el amor y la fidelidad por la lana, el azúcar de remolacha y el aguardiente.

Del mismo modo que el cura y el señor feudal marcharon siempre de la mano, el socialismo clerical marcha unido con el socialismo feudal.

Nada más fácil que recubrir con un barniz de socialismo el ascetismo cristiano, ¿no se levantó también contra la propiedad privada, el matrimonio y el Estado? Y en su lugar, ¿no ha predicado la caridad y la renunciación, el celibato y la mortificación de la carne, la vida monástica y la iglesia? El socialismo cristiano no es sino el agua bendita con que el clérigo consagra el despecho de la aristocracia.

B. El socialismo pequeño-burgués

La aristocracia feudal no es la única clase arruinada por la burguesía, no es la única clase cuyas condiciones de existencia se debilitan y caducan en la sociedad burguesa moderna. Los pequeños burgueses y los pequeños agricultores de la Edad Media fueron los precursores de la burguesía moderna. En los países donde el comercio y la industria están poco desarrollados esta clase continúa vegetando al lado de la burguesía floreciente.

En los países donde se extiende la civilización moderna se ha formado una nueva clase de pequeños burgueses que oscila entre el proletariado y la burguesía. Parte complementaria de la sociedad burguesa, se reconstituye sin cesar; pero los individuos que la componen se ven continuamente precipitados en el proletariado por causa de la competencia, y, lo que es más, con la marcha progresiva de la gran industria ven aproximarse el momento en que desaparecerán completamente como fracción independiente de la sociedad moderna, y en que serán reemplazados en el comercio, la manufactura y la agricultura por contramaestres y criados.

En países como Francia, donde los campesinos constituyen bastante más de la mitad de la población, los escritores que adoptaban la causa del proletariado contra la burguesía debían naturalmente criticar el régimen burgués y defender al partido obrero desde el punto de vista del pequeño burgués y del labrador. Así se formó el socialismo pequeño-burgués. Sismondi es el jefe de esta literatura, tanto en Inglaterra como en Francia.

Este socialismo analizó con mucha penetración las contradicciones inherentes a las relaciones de producción modernas. Puso al desnudo 1as hipócritas apologías de los economistas. Demostró de una manera irrefutable los efectos mortíferos del maquinismo y de la división del trabajo, la concentración de los capitales y de la propiedad territorial, la sobreproducción, las crisis, la fatal decadencia de los pequeños burgueses y de los agricultores, la miseria de1 proletariado, la anarquía en la producción, las crisis, la fatal decadencia de distribución de las riquezas, la guerra de exterminio industrial de las naciones entre sí, la disolución de las añeja costumbres, de las antiguas relaciones de familia, de las viejas nacionalidades.

El fin positivo, no obstante, de este socialismo de pequeños burgués es, ya reestablecer los antiguos medios de producción y de cambio, y con ellos las antiguas relaciones de propiedad y toda la sociedad antigua, ya introducir por la fuerza los medios modernos de producción y de cambio en el cuadro estrecho de las antiguas relaciones de propiedad que han sido rotas, fatalmente rotas, por ellos. En uno y otro caso, este socialismo es a la vez reaccionario y utópico.

Para la manufactura, el sistema de Corporaciones; para la agricultura, el régimen patriarcal; he ahí su última palabra. Finalmente, en su último desarrollo esta tendencia se ha abandonado a una indignante melancolía.

C. El socialismo alemán o socialismo "verdadero"

La literatura socialista y comunista de Francia, que nace bajo la presión de una burguesía dominante y es la expresión literaria de la rebelión contra este régimen, fue introducida en Alemania en el momento en que la burguesía comenzaba su lucha contra el absolutismo feudal.

Filósofos, semifilósofos y pretenciosos alemanes se echaron ávidamente sobre esta literatura; pero olvidaron que con la importación de la literatura francesa en Alemania no habían sido importadas al mismo tiempo las condiciones sociales de Francia. Relativamente a las condiciones alemanas, la literatura francesa perdió toda significación práctica inmediata y tomó un carácter puramente literario. Debía parecer más bien una especulación ociosa sobre la realización de la naturaleza humana. De este modo, para los filósofos alemanes del siglo XVIII las reivindicaciones de la primera revolución francesa no eran sino las reivindicaciones de la "razón práctica" en general, y las manifestaciones de la voluntad de los burgueses revolucionarios de Francia no expresaban a sus ojos sino las leyes de la voluntad pura, de 1a voluntad tal como debe ser, de la verdadera voluntad humana.

El trabajo propio de los literatos alemanes se redujo a poner de acuerdo las nuevas ideas francesas con su vieja conciencia filosófica, o cuando más a apropiarse las ideas francesas adaptándolas a sus opiniones filosóficas.

Se las apropiaron como se asimila una lengua extranjera: por la traducción.

Se sabe cómo los frailes superpusieron sobre los manuscritos de las obras clásicas del viejo paganismo las absurdas leyendas sagradas del catolicismo. Los literatos alemanes procedieron inversamente con respecto a la literatura francesa. Deslizaron sus disparates filosóficos bajo el original francés. Por ejemplo: bajo la critica francesa de las funciones del dinero escribían: "enajenación del ser humano" ; bajo la crítica francesa del Estado burgués decían: "eliminación del poder de la universalidad abstracta", y así sucesivamente.

La adición de esta fraseología filosófica a los descubrimientos franceses la bautizaron así: "filosofía de la acción", "socialismo verdadero", "ciencia alemana del socialismo", "base filosófica de1 socialismo", etc.

De esa manera se castró completamente la literatura socialista y comunista francesa. Y como en manos de los alemanes dejó de ser la expresión de la lucha de una clase contra otra, nuestras gentes se felicitaron de estar colocadas por encima de la estrechez francesa y de haber defendido, no sólo verdaderas necesidades, sino "la necesidad de lo verdadero" ; no sólo los intereses del proletariado, sino los intereses del ser humano, del hombre en general, del hombre que no pertenece a ninguna clase ni a ninguna realidad y que no existe sino en e1 cielo brumoso de la fantasía filosófica.

Este socialismo alemán, que tomaba tan solemnemente en serio sus torpes ejercicios de escolar y que los trompeaba con tanto estrépito charlatanesco, perdió, sin embargo, poco a poco su inocencia pedantesca.

La lucha de la burguesía alemana y principalmente de la burguesía prusiana, contra la monarquía absoluta y feudal, en una palabra, el movimiento liberal, resultó más serio.

De esta suerte, el verdadero socialismo halló la ocasión tan deseada de confrontar las reinvindicaciones socialistas con el movimiento político. Pudo lanzar los anatemas tradicionales contra el liberalismo, contra el régimen representativo, contra la concurrencia burguesa, contra la libertad burguesa de la prensa, contra el derecho burgués, contra la libertad y la igualdad burguesas; pudo predicar a las masas que ellas no tenían nada que ganar, sino, al contrario, perderlo todo, en este movimiento burgués. El socialismo alemán olvidó a ese propósito que la crítica francesa, de la cual era un simple eco, presuponía la sociedad burguesa moderna, con las condiciones materiales de existencia que corresponden y una constitución política adecuada; cosas que todavía Alemania se trataba precisamente de conquistar.

Para los Gobiernos absolutos de Alemania, con su cortejo de clérigos, de pedagogos, de hidalgos rapaces y de burócratas, este socialismo se convirtió en el espantajo soñado contra la burguesía amenazante.

Completó, por su hipocresía dulzarrona, los latigazos y los tiros que esos mismos Gobiernos administraron duramente a los obreros alemanes en rebeldía.

Si el verdadero socialismo se convirtió de ese modo en un arma en manos de los Gobiernos, representaba directamente, por otra parte, un interés reaccionario, el interés del pequeño burgués. La clase de los pequeños burgueses, legada por el siglo XVI, y desde entonces sin cesar renaciendo bajo diversas formas, constituye para Alemania la verdadera base social del orden establecido.

Mantenerla es conservar en Alemania este orden establecido.

La supremacía industrial y política de la burguesía amenaza a esta clase de destrucción cierta: de una parte, por la concentración de capitales, y de otra, por el desarrollo de un proletariado revolucionario. Al verdadero socialismo le pareció que podía matar dos pájaros de un tiro. Propagóse como una epidemia.

El vestido tejido con los hilos inmateriales de la especulación, bordado de flores retóricas y bañado por un rocío sentimental, ropaje trascendente en el cual los socialistas alemanes envolvieron sus secas "verdades eternas", no hizo sino activar la venta de su mercancía entre semejante público. Por su parte, el socialismo alemán comprendió más bien que su vocación era erigirse en el representante pomposo de esta pequeña burguesía.

Proclamó que la nación alemana era la nación normal y el filisteo alemán el hombre normal. A todas las infamias de este hombre normal 1es dio un sentido oculto, un sentido superior y socialista que las transfiguraban completamente.

Fue hasta el fin, levantándose contra la tendencia "brutalmente destructiva" del Comunismo y declarando que imparcialmente se cernía por encima de todas las luchas de clases. Casi sin excepciones, todas las publicaciones llamadas socialistas o comunistas que circulan en Alemania (1847) pertenecen a esta sucia y enervante literatura.

2. EL SOCIALISMO CONSERVADOR O BURGUES

Una parte de la burguesía busca remediar los males sociales, con el propósito de consolidar la sociedad burguesa.

En esta categoría colocan los economistas, los filántropos, los humanitarios, los mejoradores de la suerte de la clase obrera, los organizadores de la beneficencia, los protectores de los animales, los fundadores de sociedades de templanza, los reformadores de todo pelaje. Y se ha llegado hasta elaborar este socialismo en sistemas completos.

Citemos como ejemplo la Filosofía de la Miseria, de Proudhón.

Los socialistas burgueses quieren 1as condiciones de vida de la sociedad moderna sin las luchas y los daños que de ella resultan fatalmente. Quieren la sociedad actual; pero con eliminación de los elementos que la revolucionan y la disuelven. Quieren la burguesía sin el proletariado. La burguesía, como es natural se representa el mundo en que ella domina como el mejor mundo de los mundos posibles. El socialismo burgués elabora más o menos sistemáticamente esta representación consoladora. Cuando requiere al proletariado para realizar sus sistemas y hacer su entrada en la Nueva Jerusalén, no hace otra cosa, en el fondo, que inducirle a continuar en la sociedad actual, pero despojándose de la concepción rencorosa que se ha formado de ella.

Otra forma de socialismo, menos sistemática, pero más práctica, intenta apartar a los obreros de todo movimiento revolucionario, demostrándoles que no es tal o cual cambio político el que podrá beneficiarlos, sino solamente una transformación de las relaciones de la vida material y de las condiciones económicas. Nótese que por transformación de las relaciones de la vida material este socialismo no entiende en modo alguno la abolición de 1as relaciones de producción burguesa, sino únicamente reformas administrativas realizadas sobre la base misma de la producción burguesa, que por tanto no afecten a las relaciones entre el capital y el asalariado, y que no harán, cuando más, sino disminuir los gastos y simplificar el trabajo administrativo del Gobierno burgués.

El socialismo burgués no alcanza su expresión adecuada sino cuando se convierte en simple figura retórica.

¡Libre cambio en interés de la clase obrera! ¡Derechos protectores en interés de la clase obrera! ¡Prisiones celulares en interés de la clase obrera! He aquí la última palabra del socialismo burgués, la única que ha dicho seriamente.

Porque el socialismo burgués se resume por completo en esta afirmación: los burgueses son burgueses en interés de la clase obrera.

3. EL SOCIALISMO Y EL COMUNISMO CRITICO - UTOPICO

No se trata aquí de la literatura que en todas 1as grandes revoluciones modernas ha formulado las reivindicaciones del proletariado (los escritos de Babeuf, etc.). Las primeras tentativas directas del proletariado para hacer prevalecer sus propios intereses de clase, hechas en tiempos de efervescencia general, en el período del derrumbamiento de la sociedad feudal, fracasaron necesariamente, tanto por el estado embrionario del mismo proletariado como por ausencia de las condiciones materiales de su emancipación, condiciones que no podían ser producidas sino después del advenimiento de la burguesía. La literatura revolucionaria que acompaña a estos primeros movimientos del proletariado tiene forzosamente un contenido reaccionario. Preconiza un ascetismo general y un grosero igualitarismo.

Los sistemas socialistas y comunistas propiamente dichos, los sistemas de Saint-Simon, de Fourier, de Owen, etc., hacen su aparición en el primer período de la lucha entre el proletariado y la burguesía, período descrito anteriormente. (Véase Burgueses y proletarios).

Los inventores de estos sistemas se dieron cuenta del antagonismo de las clases, así como de la acción de los elementos disolventes en la sociedad dominante. Pero no advierten del lado del proletariado ninguna independencia histórica, ningún movimiento político que le sea propio.

Como el desarrollo del antagonismo de las clases marcha al par con el desarrollo de la industria, no advierten de antemano las condiciones materiales de la emancipación del proletariado, y se aventuran en busca de una ciencia social, de leyes sociales, con el fin de crear esas condiciones.

A la actividad social anteponen su propio ingenio; a las condiciones históricas de la emancipación, condiciones fantásticas; a la organización gradual y espontánea del proletariado en clase, una organización completa fabricada por ellos. El porvenir del mundo se decide con la propaganda y la práctica de sus planes de sociedad.

En la confección de sus planes, sin embargo, tienen la conciencia de defender ante todo los intereses de la clase obrera, por ser la clase que más sufre. El proletariado no existe para ellos sino bajo el aspecto de la clase que más padece.

Pero la forma rudimentaria de la lucha de las clases, así como su propia posición social, les lleva a considerarse muy por encima de todo antagonismo de clases. Desean mejorar las condiciones materiales de la vida para todos los miembros de la sociedad, hasta para los más privilegiados. Por consecuencia, no cesan de apelar a la sociedad entera sin distinción, y más bien se dirigen con preferencia a la clase dominante. Porque, además, basta comprender su sistema para reconocer que es el mejor de todos los planes posibles de la mejor de las sociedades posibles.

Repudian toda acción política, y sobre todo, toda acción revolucionaria, y se proponen alcanzar su objeto por medios pacíficos y ensayando abrir camino al nuevo evangelio social por 1a fuerza del ejemplo, por las experiencias en pequeño, condenadas de antemano al fracaso.

La pintura fantástica de la sociedad futura en una época en que el proletariado, poco desarrollado todavía, considera su propia situación de una manera también fantástica, corresponde a las primeras aspiraciones instintivas de los obreros hacía una completa transformación de la sociedad.

Mas los escritos socialistas y comunistas encierran también elementos críticos. Atacan a la sociedad actual en sus bases. Han provisto en su tiempo, por consecuencia, de materiales de un gran valor para instruir a los obreros. Sus proposiciones positivas referentes a la sociedad futura, tales como la desaparición del conflicto entre la ciudad y el campo, la abolición de la familia, de la ganancia privada y del trabajo asalariado, la proclamación de 1a armonía social y la transformación del Estado en una simple administración de la producción; todas estas proposiciones no hacen sino anunciar la desaparición del antagonismo de las clases, antagonismo que comienza solamente a dibujarse y del que los inventores de sistemas no conocen todavía sino las primeras formas indistintas y confusas. Así, estas proposiciones no tienen más que un sentido puramente utópico.

La importancia del socialismo y del comunismo crítico-utópico está en razón inversa del desarrollo histórico. A medida que la lucha de las clases se acentuá y toma forma, el fantástico desdén que inspira, esa fantástica oposición que se la hace, pierde todo valor práctico, toda justificación teórica. He ahí por qué si en muchos aspectos los autores de esos sistemas eran revolucionarios, las sectas formadas por sus discípulos son siempre reaccionarias, pues sus secuaces se obstinan en oponer las viejas concepciones de su maestro a la evolución histórica del proletariado. Buscan, pues, y en esto son lógicos, entorpecer la lucha de las clases y conciliar los antagonismos. Continúan soñando con la realización experimental de sus utopías sociales: establecimiento de falansterios aislados, creación de colonias interiores, fundación de una pequeña Icaria, edición en dozavo de la Nueva Jerusalén; y para la construcción de todos estos castillos en el aire se ven forzados a hacer llamamientos al corazón y a la bolsa de los filántropos burgueses. Poco a poco caen en la categoría de los socialistas reaccionarios o conservadores descritos más arriba y no se distinguen más que por una pedantería más sistemática y una fe supersticiosa y fanática en la eficacia maravillosa de su ciencia social.

Opónense, pues, can encarnizamiento a toda acción política de la clase obrera, pues semejante acción no puede provenir, a su juicio, sino de una ciega falta de fe en e1 nuevo evangelio. Los owenistas en Inglaterra y los furieristas en Francia reaccionan, unos, contra los cartistas, y otros, contra los reformistas.

IV

POSICION DE LOS COMUNISTAS ANTE LOS DIFERENTES

PARTIDOS DE OPOSICION

Después de lo que hemos dicho en el capítulo II, la posición de los comunistas ante los partidos obreros ya constituidos se explica por sí misma, y por tanto su posición ante los cartistas en Inglaterra y los reformadores agrarios en América del Norte.

Combaten por los intereses y los fines inmediatos de la clase obrera; pero en el movimiento presente defienden y representan al propio tiempo el porvenir del movimiento.

En Francia, los comunistas se suman al partido demócrata-socialista contra la burguesía conservadora y radical, reservándose, sin embargo, el derecho de criticar las frases y las ilusiones legadas por la tradición revolucionaria.

En Suiza apoyan a los radicales, sin desconocer que este partido se compone de elementos contradictorios, mitad demócratas socialistas en la acepción francesa de la palabra, mitad burgueses radicales.

En Polonia, los comunistas sostienen al partido que ve en una revolución agraria la condición de la manumisión nacional; es decir, el partido que hizo en 1846 la insurrección de Cracovia.

En Alemania, el partido comunista lucha de acuerdo con la burguesía actúa tantas veces como la burguesía actúa revolucionariamente contra la monarquía absoluta, la propiedad territorial feudal y la pequeña burguesía.

Pero jamás, en ningún momento, se olvida este partido de despertar entre los obreros una conciencia clara y limpia del antagonismo profundo que existe entre la burguesía y el proletariado, a fin de que cuando llegue la hora los obreros alemanes sepan convertir las condiciones sociales y políticas creadas por el régimen burgués en otras tantas armas contra la burguesía; a fin de que tan pronto sean destruidas las clases reaccionarias de Alemania la lucha pueda empeñarse contra la misma burguesía.

Hacia Alemania, sobre todo, se concentra la atención de los comunistas, porque Alemania se encuentra en vísperas de una revolución burguesa y porque realizará esta revolución en las condiciones más avanzadas de la civilización europea y con un proletariado infinitamente más desarrollado que los de Inglaterra y Francia en los siglos XVII y XVIII, y por consecuencia la revolución burguesa alemana no podrá ser sino el preludio de una revolución proletaria inmediata.

En suma, los comunistas apoyan en los diferentes países todo movimiento revolucionario contra el estado de cosas social y político existente.

En todos estos movimientos ponen por delante la cuestión de la propiedad, cualquiera que sea la forma más o menos desarrollada que revista, como la cuestión fundamental del movimiento.

En fin, los comunistas trabajan por la unión y la cordialidad de los partidos democráticos de todos los países.

Los comunistas no se cuidan de disimular sus opiniones y sus proyectos. Proclaman abiertamente que sus propósitos no pueden ser alcanzados sino por el derrumbamiento violento de todo el orden social tradicional. ¡Que las clases directoras tiemblen ante la idea de una revolución comunista! Los proletarios no pueden perder más que sus cadenas.

Tienen, en cambio, un mundo por ganar.

¡PROLETARIOS DE TODOS LOS PAISES, UNIOS!